GUÍA DE LECTURA

Escrita por Éléonore Quinaux
Traducida por Marta Sánchez Hidalgo

Ulises

de James Joyce

Entiende fácilmente la literatura con

ResumenExpress.com

JAMES JOYCE

NOVELISTA Y POETA IRLANDÉS

- **Nacido en 1882 en Dublín (Irlanda)**
- **Fallecido en 1941 en Zúrich (Suiza)**
- **Algunas de sus obras:**
    - *Música de cámara* (1907), poemario
    - *Retrato del artista adolescente* (1916), novela
    - *Finnegans Wake* (1939), novela

James Joyce, que proviene de una familia numerosa, recibe una educación jesuita, pero a los 16 años rechaza el catolicismo. Más tarde, desarrolla un pensamiento parecido al de santo Tomás de Aquino (clérigo italiano, 1225-1274). Pasa la mayor parte de su vida exiliado para alejarse de una Irlanda de la que detesta el inmovilismo y los desacuerdos religiosos y con la que no llega a identificarse.

Primero vive entre París y Dublín, pero es en Suiza —país en el que da clases en la escuela Berlitz— y en Italia donde se refugia con Nora Barnacle (1884-1951), su pareja. Desde 1906 sufre una enfermedad del iris que le provoca una ceguera progresiva. Aunque le admiren importantes figuras de la literatura internacional, Joyce sobrevive gracias a donaciones de unos pocos admiradores. En París, en los años veinte, frecuenta a Marcel Proust (escritor francés, 1871-1922) y forja amistad con Samuel Beckett (escritor irlandés, 1906-1989). Como sabía que le quedaba poco tiempo, vuelve a Zúrich en 1940, donde fallece poco después. Verdadera rareza literaria, es incomprendido y poco leído en su época.

ULISES

UNA EPOPEYA SIN GLORIA

- **Género**: novela polimórfica
- **Edición de referencia**: Joyce, James. 2011. *Ulises.* Traducido por José María Valverde. Barcelona: Debolsillo
- **Primera edición**: 1922
- **Temáticas**: Dublín, sociedad, relaciones amorosas, sexualidad, vagabundeo, identidad, mitos

Ulises —*Ulysses* en inglés— se publica como novela en fascículos en la revista americana *The Little Review* entre 1918 y 1920 y después en un solo volumen en 1922. El título informa directamente al lector del vínculo entre la novela y la *Odisea*, la célebre epopeya del poeta épico griego Homero (siglo VIII a. C.). La historia se desarrolla en un día en Dublín y se centra en dos personajes: Stephen Dedalus, *alter ego* del autor, que encarna a un nuevo Telémaco; y Leopold Bloom, un representante publicitario, un nuevo Ulises cuyo objetivo es reconquistar el amor de su promiscua esposa, Molly.

Este relato, que sus contemporáneos consideraban obsceno, estuvo prohibido en Estados Unidos hasta 1931, si bien Hemingway (escritor americano, 1899-1961) hizo circular algunos volúmenes. Su riqueza narrativa permite elevarlo, en nuestra época, al rango de obra maestra del siglo XX.

RESUMEN

En *Ulises*, los acontecimientos se desarrollan de las ocho de la mañana a las tres de la madrugada del día siguiente. Aunque este resumen guarda la temporalidad impuesta en el relato, pone en paralelo las acciones principales de Leopold Bloom y de Stephen Dedalus, que están narradas en distintas partes de la novela. Los mayores imprevistos de la historia y su estructura, dividida en tres grandes partes («La Telemaquía», «La Odisea» y «El Nóstos»), recuerdan directamente a la *Odisea* de Homero y a los personajes de Telémaco y de Ulises. Para que el lector comprenda el alcance simbólico presente en la obra, tendrá entre paréntesis el nombre del personaje de la obra griega con el que se corresponde.

¿SABÍA QUE...?

Escrita después de la *Ilíada*, la *Odisea* es una epopeya clásica atribuida al poeta griego Homero y que data del siglo VIII a. C. El héroe es Ulises, rey de Ítaca. Después de participar en la guerra de Troya, quiere volver a casa y reunirse con su esposa Penélope y su hijo Telémaco.

Sin embargo, tardará diez años en volver a su tierra, un viaje que le llevará de isla en isla y donde se encontrará con figuras mitológicas que siguen siendo célebres. Durante esta andanza, Telémaco hace cuanto puede para encontrar a su padre y para hacer fracasar al grupo de pretendientes que quieren casarse con su madre y robarle el trono. Para ello, pedirá consejo a Néstor, uno de los pocos compañeros guerreros de Ulises que ha vuelto sin problemas, y a Menelao, rey de Esparta.

Ulises tarda tanto en volver porque sufre la venganza del dios Poseidón por haber herido a su hijo Polifemo. Es prisionero durante siete años de una ninfa del mar, Calipso, que se enamora de él. Pero ésta recibe la orden de los dioses de dejar a Ulises marchar y cede. Poseidón provoca una tormenta que hace encallar al héroe en la costa de Feacia. Allí conoce a Nausícaa, la hija del rey Alcínoo. Ulises le cuenta sus contratiempos: la ayuda inútil de Eolo, su encuentro con la maga Circe, que transforma a sus compañeros en cerdos, el canto maléfico de las sirenas y Calipso. Los feacios, conmovidos, aceptan ayudar a Ulises y lo llevan a Ítaca. Al conocer las artimañas de los pretendientes de Penélope, Ulises tiene que buscar una estratagema: se disfraza de mendigo con ayuda de Atenea y pide ayuda a su fiel porquero, Eumeo. Durante una última prueba en la que se va a decidir quién será el nuevo esposo de Penélope, Ulises consigue tensar su arco legendario y mata a Antínoo, el líder de los pretendientes. Entonces revela, por fin, su verdadera identidad.

UNA BÚSQUEDA QUE EMPIEZA

En la bahía de Dublín, Stephen Dedalus (Telémaco) y Buck Mulligan (Antínoo) se alojan en la torre Martello de Sandycove. Sus discusiones matinales giran en torno a dos hechos:

- Buck, a pesar de ser un librepensador, le reprocha a Stephen que no haya ido al lado de su madre moribunda para rezar;
- Stephen se queja de Haines (Eurímaco), un inglés que está en la habitación de al lado y que habría estado gritando toda la noche.

Después del desayuno, marcado por el paso de una lechera, cada uno dice lo que va a hacer: Buck quiere darse un baño en el mar, Stephen debe ir al colegio donde da clase y Haines decide ir a la biblioteca nacional.

Al mismo tiempo, Leopold Bloom (Ulises) decide preparar su desayuno y el de su mujer Molly (Penélope), pero le apetecen unos riñones y va a comprarlos a la carnicería. Cuando vuelve, se encuentra con dos cartas en el buzón: una de su hija y otra del que sabe que es el amante de su esposa, Blazes Boylan. Ésta suele salir mucho y le es infiel. Por su lado, Bloom, que suele estar solo, tiene muchas fantasías sexuales insatisfechas. Después de discutir con su mujer sobre el significado de «metempsicosis» (reencarnación del alma después de la muerte), deambula por Dublín para ir al entierro de un vecino.

EL DUBLÍN LABERÍNTICO

Cuando Stephen termina su clase de historia, su director, el señor Deasy (Néstor), un anciano antisemita, le cita en su despacho para pagarle. Como Deasy sabe que el joven profesor es también escritor y tiene relación con el medio editorial, aprovecha para imponerle la publicación de su artículo sobre la fiebre aftosa.

Paralelamente (a las diez de la mañana), Bloom va a correos para recoger una carta de Martha, con la que mantiene una correspondencia sentimental, aunque nunca la haya visto —ella solo le conoce por el pseudónimo de Henry Fleury. El mensaje que recibe lo excita y sigue su ruta con ideas lascivas en la cabeza. Asiste entonces al final de una misa que encuentra soporífera, como siempre; luego va a la farmacia, donde surge un malentendido: Bloom conoce a Bantam Lyons, que quiere pedirle prestado su periódico para leer las apuestas hípicas. Los dos hombres no se entienden: Bloom habla de tirar su periódico («throw away» significa en inglés «tirar»), mientras que Lyons cree que ha tenido un soplo para sus apuestas (uno de los caballos se llama Throwaway). Antes de ir al entierro, Leopold se acerca a los baños públicos y, para calmar la tensión sexual que ha sentido en el trayecto, se masturba.

A las once, en la playa de Sandymount, Stephen se siente melancólico y piensa en sus fracasos: el abandono de sus estudios de medicina en París, el ser un escritor fracasado obligado a dar clases. A continuación siente lástima por su destino, puesto que piensa que la libertad intelectual va acorde con la soledad. En cuanto a Bloom, tiene que ir al cementerio de Glasnevin. La gente que llega lo devuelve a sus propias añoranzas: el fallecimiento de su hijo Rudy y el suicidio de su padre. Entre los personajes presentes se encuentra un desconocido que lleva un *macintosh* (un impermeable) que lo intriga profundamente.

A mediodía, los caminos de los dos protagonistas se cruzan: van a la imprenta del periódico local, *El hombre libre.*

Bloom quiere renovar un anuncio de uno de sus clientes. Les recibe el director, Myles Crawford (Eolo). Stephen va por la publicación del artículo del señor Deasy. Aunque estén juntos un momento en la sala de espera, los dos hombres no mantienen una conversación.

Luego, Bloom tiene hambre y, después de haberse encontrado con algunos conocidos, va a comer al Burton. Pero, una vez allí, le repugnan la promiscuidad de los seres, los olores y las bocas llenas de comida. Cambia de opinión y va a casa de Davy Burne. Pero allí, la forma del bar le recuerda un cuerpo femenino y, súbitamente, se pregunta si las estatuas tendrán ano. Para responder a su pregunta, va a la biblioteca nacional, donde Stephen da una conferencia sobre William Shakespeare (escritor inglés, 1564-1616) y la figura paterna en *Hamlet* (1601).

Todos se van de la biblioteca. Después de cruzarse con un buen número de personajes descritos en 19 sainetes (que describen hechos de la vida cotidiana y que no tienen una verdadera importancia en el relato), Bloom almuerza sobre las cuatro en el hotel Ormond con el tío de Stephen Dedalus, Richie Goulding (Menelao). Los camareros (las sirenas) se burlan de él y prefieren al seductor Boylan, que no tarda en irse para encontrarse con Molly. Mientras algunos, como Simon Dedalus, el padre de Stephen, tocan el piano y cantan, Bloom le escribe una carta a Martha.

BRUMAS, ALUCINACIONES Y RENACIMIENTO

A las cinco, Leopold Bloom tiene que ver a un amigo, Martin Cunningham, en la taberna de Barney Kiernan. Cuando entra en el edificio, muchas personas están hablando, entre ellos «el Ciudadano» (Polifemo). Invitan a Bloom a la mesa de este hombre con un carácter radicalmente opuesto al suyo. Éste es nacionalista y beligerante, mientras que el héroe encarna la dulzura e incluso la tolerancia. Al enterarse de los consejos que ha dado a Lyons para sus apuestas, todos los presentes piensan que Leopold ha ganado una gran suma de dinero en las carreras de caballos. Sin embargo, éste no se digna a pagar una ronda, avivando así su odio. Como perciben la furia, una vez que llega Cunningham, él y Bloom deciden irse soportando insultos antisemitas.

En la playa, Gerty MacDoweel (Nausícaa), la nieta del Ciudadano, fantasea sobre lo que podía haber sido la vida. De golpe, se siente observada por un hombre maduro vestido de negro: es Leopold. Cuando empiezan los fuegos artificiales, que desvían la atención de las personas que están en la playa, la joven se levanta la falda para que Bloom pueda disfrutar de su lencería. Excitado, se masturba delante de ella. Mientras piensa en el deseo femenino y después en la menstruación, decide ir a la sala de maternidad para ver a la señora Purefoy, que tiene que dar a luz. Allí, toda una multitud, incluido Stephen, festeja el nacimiento entre los gritos de la futura madre.

A medianoche en Mabbot Street, Bloom, que ha seguido a Stephen y a su amigo Lynch, borrachos, deambula por el barrio de los burdeles. De pronto, tiene alucinaciones que le recuerdan sus fallos, sus malas tendencias o su culpabilidad ante sus familiares. Al pasar cerca del burdel de Bella Cohen (Circe), oye a Stephen tocar el piano. La melodía saca a Bloom de su ensimismamiento y entra para unirse a sus dos camaradas. Pero sus alucinaciones vuelven cuando le invita la prostituta Zoé Higgins: se imagina rey, luego emperador-presidente que reformaría todo el país y sería considerado un Mesías. La meretriz lo saca de su pesadilla y le lee las líneas de la mano, mientras que Stephen diserta sobre el apocalipsis. Las extrañas visiones llegan a los dos hombres: Bloom ve a su abuelo vestido con un *macintosh* y Stephen a su madre muerta que le suplica que se arrepienta. El profesor grita «*Non serviam*» («No serviré», expresión de Satanás) y destroza todo en el establecimiento antes de huir. Bloom paga por los estragos causados. Stephen, golpeado con violencia por soldados ingleses, se desploma en la calle antes de que Bloom le atienda. Éste tiene una última visión de su hijo difunto.

Bloom lleva a su amigo al Refugio del cochero, un establecimiento que lleva James Fitzharris (Eumeo), del que se sospecha que es un antiguo terrorista. Después de conversaciones sobre la existencia de Dios, le enseña a Stephen una foto de su mujer y lo invita a tomar un chocolate con él. Así, a las dos de la mañana beben chocolate mientras hablan de temas diversos como Irlanda, Israel o sus amigos comunes. Leopold le propone darle cobijo esa noche, pero Stephen no quiere. Terminan su conversación en el jardín observando la ventana iluminada de la habitación de Molly, luego Bloom acompaña a Stephen hasta la calle y los dos amigos se van al final.

Ahora solo, Bloom sueña con la infidelidad de Molly, pero demuestra abnegación porque no le pide cuentas, aunque sepa que le es infiel. Sube a acostarse con su mujer, que le pregunta cómo le ha ido el día. Cansado, se acaba durmiendo. Molly, despierta, se pierde en sus pensamientos y se sume en un monólogo muy obsceno donde parece presentarse como tierra fertilizable. Se divierte con los hombres, con sus deseos perversos y con sus amantes. En su orinal, suelta un torrente de orina comparable al de sus palabras y se da cuenta de que tiene la regla: empieza un nuevo ciclo. Vuelve a pensar en la petición de mano de Bloom y en el «sí» que ha respondido, un «sí» a la vida, al universo entero al que hay que abandonarse.

ESTUDIO DE LOS PERSONAJES

En *Ulises*, nos encontramos con muchos personajes secundarios repartidos por las calles de Dublín que permiten, ante todo, que Leopold y Stephen evolucionen. Hemos decidido centrarnos en los principales actores de esta evolución. También hay una reseña sobre el hombre del impermeable, puesto que este personaje suscita muchas dudas en las críticas y en los comentarios sobre la obra de Joyce. Por ello, nos ha parecido pertinente insistir en sus rasgos.

STEPHEN DEDALUS (TELÉMACO)

Stephen Dedalus aparece como un doble del autor cuya descripción completa figura en una novela precedente de James Joyce, *Retrato del artista adolescente*. Después de una educación jesuita, el protagonista rechaza cada vez más la religión, y pasa del estatus de católico romano al de agnóstico. Aunque debía seguir sus estudios de medicina en París, nos enteramos al principio de *Ulises* de que ha vuelto a Dublín por su madre moribunda. Su oposición al catolicismo le lleva a negarse a rezar junto a su madre. Este acontecimiento acabará atormentándole: para él, el amor materno es uno de los principales valores de la existencia. Sueña con ser un gran escritor, pero cree que ha fracasado y sobrevive gracias a su trabajo como profesor en un colegio privado que dirige el señor Deasy.

Físicamente, es enfermizo y miope. En cambio, posee un don para la música y una voz hermosa, al igual que Joyce. Stephen siempre tiene un comportamiento inadaptado hacia los otros: no le gustan los grupos, no se integra en los distintos medios en los que evoluciona y no asume parte de su educación. Siempre está entre la indecisión, las ganas y el arrepentimiento, no confía en sí mismo, se ofusca continuamente y sufre la soledad. Es también una persona calmada, instruida, que domina la argumentación y posee un sentido agudo de la compasión, sobre todo con los alumnos menos dotados. A diferencia de Bloom, tiene pocos impulsos sexuales, aunque llegue a pensar en la desnudez femenina. Prefiere rodearse de caracteres masculinos fuertes, como Buck Mulligan.

Aunque al principio del relato Stephen aparece como un ser tenebroso, altivo, cortante, que privilegia únicamente las ideas y que busca la excelencia en todos los dominios, se vuelve cada vez más humano después de su fracaso parisino y sobre todo gracias a su encuentro con Bloom. Al lado de éste, comprende que el intelecto no es nada si no se comparte y que el sentido de la vida está en las relaciones con los demás. Leopold le permite liberarse de su ego sobredimensionado y volver a una vida sencilla.

Su nombre es una alusión al arquitecto que interviene en el mito del Minotauro. Dédalo es el diseñador del laberinto que encarga Minos, destinado a encerrar al monstruo. En *Ulises*, Stephen Dedalus se siente prisionero de otro laberinto, el del Dublín que odia, porque en él habita una población estancada, muy alcoholizada e incapaz de rebelarse ante la dominación inglesa.

Los tres primeros capítulos («La Telemaquía») se centran en este protagonista. Stephen simboliza al que se escapa tanto de la ciudad como del estancamiento y de sus propias convicciones. Representa al personaje de Telémaco, el hijo de Ulises en la versión de Homero: más joven que Leopold Bloom (Ulises), ve en éste una figura paterna que palia las carencias de su padre biológico. La torre en la que vive se corresponde con Ítaca, y sus dos rivales, Buck y Haines, simbolizan a los pretendientes de Penélope. Así como Ulises necesita tiempo para volver a su tierra y encontrar a su hijo, el lector tiene que pasar por diversos episodios antes de que Stephen y Leopold se encuentren y comiencen, en las callejuelas alcoholizadas de Dublín, una verdadera relación.

LEOPOLD BLOOM (ULISES)

Leopold Bloom, un personaje que aparece en la segunda parte de la novela, llamada «La Odisea», es la encarnación del Ulises moderno. Nacido en 1866, es el hijo único de Ellen Higgins, una protestante irlandesa, y de Rudolph Virag, un judío de origen húngaro convertido al protestantismo. Su padre era neurasténico (que sufre fragilidad mental y física) y se suicida envenenándose. Tras su fallecimiento de su padre, Leopold decide convertirse al catolicismo para poder casarse en 1888 con Marion Tweedy (Molly), una cantante en continua gira por toda Irlanda que acumula amantes, como el guapo cantante Boylan. De la unión de Molly y Leopold nacen dos niños: Millicent (1889), apodado Milly, que tiene 15 años y que trabaja con un fotógrafo, y Rudy (1893) que vivió solo 11 días. Para satisfacer las necesidades de la familia, Leopold trabaja como representante publicitario para el *Evening Telegraph*.

Bloom queda descrito como un hombre simple que pertenece a la pequeña burguesía, de naturaleza discreta (cuando no está bajo la influencia del alcohol). Es benevolente, tolerante y está muy enamorado de su mujer, con la que, sin embargo, ya no mantiene relaciones sexuales. Esta situación lo lleva a sentir decenas de impulsos a lo largo de la novela sin nunca pasar al acto si no es a solas.

Este personaje representa una figura cristiana por sus numerosos actos de bondad: ayuda a un amigo, desinteresadamente, a conseguir una suma considerable de dinero en las carreras de caballos; ayuda a un ciego; alimenta a los animales; visita a los enfermos; va a un entierro; etc. Paradójicamente, tiene también un lado cómico por sus torpezas, por sus ideas estrafalarias (por ejemplo, comprobar si las estatuas antiguas tienen orificios), por sus errores durante el rito católico, etc. A esto se añade su gusto por lo escatológico: muchos pasajes terminan con Bloom tirándose un pedo, orinando o pensando en Molly en su orinal.

MALACHIE MULLIGAN, LLAMADO «BUCK» (ANTÍNOO)

Malachie Mulligan, estudiante de medicina, comparte habitación con Stephen Dedalus en la torre Martello. Este personaje majestuoso pero regordete tiene un carácter muy cínico y se define como un librepensador, lo que le permite blasfemar continuamente. Se divierte también introduciendo en sus intervenciones muchas citas de poemas, como los de Algernon Swinburne (poeta inglés, 1837-1909) y Walt Whitman (poeta estadounidense, 1819-1892), o trozos de canciones populares. Más bien jovial, tranquilo y sin grandes preocupaciones, la personalidad de este joven extrovertido se opone totalmente al carácter cerrado de Stephen. Apasionado del mundo antiguo y de la filosofía de Nietzsche (filósofo alemán, 1844-1900), su sueño es helenizar Irlanda (acercando su cultura a la de la Grecia Antigua). El continuo alarde de cultura muestra el lado orgulloso de Buck, que recuerda al mismo carácter presente en el líder de los pretendientes de Penélope, Antínoo.

A pesar de que Mulligan manifiesta una especie de bestialidad, le aprecian todos los personajes de la novela, excepto Dedalus. Aunque compartan alojamiento y se suelan ver, éste último lo considera un bruto y reprueba sus comportamientos y reflexiones. Sin embargo, Mulligan ya ha salvado a muchas personas de ahogarse y se muestra generoso con Stephen, al que le regala ropa.

Joyce creó a Buck inspirándose en un compañero con el que compartía habitación en el internado Clongowes Wood College: Oliver Sint-John Cogarty (1878-1957), novelista y poeta. Los dos solían discutir, como Stephen y Buck, y Cogarty no se molestó en criticar *Ulises* cuando se publicó.

MARION TWEEDY (PENÉLOPE)

Marion Tweedy, más conocida con el diminutivo de Molly, es la esposa de Leopold Bloom y encarna a Penélope. Sin embargo, Molly no se conforma con ser una mujer amante que espera con paciencia la vuelta de su marido. Los papeles se invierten: Leopold deambula por las calles de Dublín a la espera de que su esposa regrese. Cantante reconocida y constantemente de gira con otras personas del mundillo, Molly es infiel a su esposo y prefiere a un tal Blazes Boylan, un cantante descrito como un Apolo.

El personaje de Molly es famoso por el capítulo 18 de la novela: el soliloquio sin puntuación que pronuncia en una especia de suspiro cercano al orgasmo y con el que concluye el relato. Se presenta como mucho más sensual y físicamente deseable que Leopold y que Stephen, que evolucionan más en la esfera intelectual. Durante el monólogo, Molly termina por aceptar a Leopold en su cama, como si Ulises al reencontrarse con Penélope se hubiera rehabilitado en su Ítaca querida, y recuerda su encuentro en un relato entrecortado de «sí», que recuerda el placer que siente al encontrar a su marido.

Para crear a este personaje, Joyce se inspira en su compañera, Nora Barnacle. Además, la fecha del principio del relato, el 16 de junio de 1904, coincide con la primera cita del escritor con su mujer.

EL HOMBRE DEL *MACINTOSH*

Este personaje sin nombre aparece en dos ocasiones en la novela: la primera durante el entierro y la segunda a través de las palabras del abuelo de Leopold Bloom. Nadie lo ha visto antes y todos ignoran la razón de su presencia. Cuando Bloom lo distingue, le encuentra parecido con un diablo.

Algunos críticos de *Ulises* creen que podíamos ver a Leopold como una especie de Jesús, a Stephen como el Espíritu Santo y al hombre del impermeable como una representación del propio Dios. Su largo impermeable, que le cubre todo el cuerpo, solo dejaría ver el rostro de Dios. Su primera aparición en el cementerio parece lógica porque podría ir a buscar el alma del difunto. Bloom, al preguntarse quién es este «Mc'Intosh», también hace la pregunta de toda la humanidad: «¿Quién es Dios?».

La prenda que le cubre y sus apariciones inesperadas e insignificantes parecen el retrato del Padre en su Creación: está presente y ausente. Cuando Leopold Bloom deambula de bar en bar y se encuentra en el prostíbulo de Bella Cohen, Lipoti Virag, su abuelo, se le aparece como un espectro y lleva el mismo impermeable: aunque no es el hombre del cementerio, personifica otra vez al mismo Dios. También vemos aparecer otro impermeable en un personaje de los 19 sainetes del periódico, Cashel Boyle O'Connor Fitzmaurice Tisdall Farrell. Una vez más, no es el mismo hombre, pero el hecho de que el impermeable esté en diferentes personajes muestra la omnipresencia de Dios; está disperso entre la multitud.

CLAVES DE LECTURA

Joyce se sirve del paseo de Bloom para darle a Irlanda un carácter mítico. Lo cotidiano esconde una parte de la mitología que todo el mundo puede percibir. Detrás de cada cosa y de cada encuentro hay un sentido oculto. El mortal solo tiene que descifrar lo que le rodea, conocerse y comprender el mundo. El deambular por Dublín es el deambular del hombre que se busca en la sociedad.

De esta forma, cada episodio se corresponde con una aproximación de lo mítico en la vida diaria, lo orgánico y lo religioso/espiritual.

LAS ALUSIONES A LA *ODISEA* DE HOMERO

Para empezar, el título *Ulises* establece un vínculo directo entre la epopeya homérica y el relato de Joyce. En el caso de Homero, el viaje es el centro del título; pero en el caso del irlandés, el deambular tiene una vertiente iniciática relacionada con la búsqueda de la figura paterna. Stephen (Telémaco) busca una verdadera figura paterna, además de la del padre biológico que ha conocido: no nos olvidemos de que este personaje es el *alter ego* de Joyce, que también se aleja de su padre, alcohólico y que se preocupa poco por su familia. En cuanto a la forma de la novela, retoma la estructura en tres partes de la *Odisea* de Homero.

Primera parte: «La Telemaquía»

En el relato griego, esta parte está dedicada a la figura de Telémaco. La historia empieza cuando su padre, Ulises, lleva unos veinte años desaparecido y su madre, Penélope, está agotada de rechazar las peticiones de mano de los muchos pretendientes que se han instalado en el palacio. Por consejo de la diosa Atenea, Telémaco se va de Ítaca para buscar a Ulises. Durante este periplo conoce al rey Néstor y luego va a Esparta a casa de Menelao.

Mientras que la Telemaquía de la versión homérica se compone de cuatro cantos, en Joyce consta de tres episodios:

- desde el comienzo de la novela, Buck Mulligan y Haines quedan presentados de forma negativa y hacen directamente referencia a dos pretendientes de Penélope. Buck encarna al violento, orgulloso y brutal Antínoo, mientras que Haines representa a Eurímaco, que resultar ser muy adulador y manipulador. La forma en la que el primero defiende a la madre de Stephen, que ha fallecido hace poco, parece bastante sospechosa, porque se adecua poco a sus pensamientos habituales. El segundo aparece dudoso, pero esta vez sobre la pregunta de la madre patria: de hecho, ¿qué irlandés podría fiarse de un invasor inglés que no deja de glorificar la historia, el folklore y la sociedad irlandesa mientras que Inglaterra hace cuanto puede para expatriarlos? La leche que lleva la anciana es la señal de la futura partida; simboliza a Atenea que exhorta a Telémaco al viaje;
- al irse de la torre, Stephen (Telémaco) tiene una entrevista con el señor Deasy, que es el doble de Néstor;
- luego, cuando Dedalus se pierde en sus pensamientos sobre la huelga de Sandymount, se imagina que discute con su tío Richie Goulding, que hace referencia a Menelao,

sobre su situación y la del mundo.

Segunda parte: «La Odisea»

A partir del cuarto capítulo, lo importante es la vida de Bloom y nos adentramos entonces en el viaje de Ulises. Esta parte se corresponde con los diez años de periplo del héroe griego desde la ciudad de Troya hasta su patria, Ítaca. En el caso de Homero, el relato de estas peripecias se desarrolla en 16 cantos, mientras que en Joyce se compone de 12 episodios.

- Hay un paralelismo entre Molly, la esposa infiel, y el cuadro de la ninfa colgado encima de la cama de la pareja Bloom. Esta comparación se refiere a Calipso, la ninfa enamorada. Al igual que ésta apresa a Ulises para casarse con él, Molly atrapa a Bloom con sus propias voluntades y deseos, dejándole constantemente solo en Dublín.
- Cuando Leopold va a una misa, está rodeado de personas que olvidan sus preocupaciones y su revuelta contra su existencia mientras comulgan, al igual que el poder del loto actúa sobre los compañeros de Ulises.
- La escena del entierro tiene relación con las capacidades adivinatorias de Tiresias. En la *Odisea*, este personaje es capaz de invocar a los muertos. Permite a Ulises conversar con personajes que viven en el infierno. En Joyce, la presencia del hombre con el impermeable está relacionada con el más allá.
- La visita al periódico local hace directamente referencia al episodio de Eolo, guardián de los vientos, que ofrece a Ulises un odre que contiene vientos contrarios encerrados para llevarlo a Ítaca sin problemas. Los compañeros del

héroe, persuadidos de que el odre contiene un tesoro, lo rompen. En Joyce, el guardián lo encarna Myles Crawford, el director del periódico que al principio es amable con Bloom, pero lo echa súbitamente sin razón aparente, como un viento contrario.

- El restaurante Burton representa el lugar de los lestrigones. Los gigantes caníbales de Homero son los clientes del establecimiento que desagradan a Bloom por sus enormes bocas que no dejan de masticar y de desmenuzar la comida.

- La tesis sobre Shakespeare, que defiende Stephen en la biblioteca y Bloom escucha distraído, recuerda el episodio de Caribdis y Escila, dos monstruos marinos. Dedalus explica así que el escritor inglés tiene dos facetas: por un lado, presenta su mejor cara y parece un hombre agradable cuando está en Londres; por otro lado, nunca puede ser realmente feliz porque está herido por sus problemas familiares.

- Las sirenas están presentes en forma de camareras con lengua de víbora en el restaurante del hotel Ormond. El ciudadano, obtuso, nacionalista, lento de mente y torpe, recuerda al cíclope Polifemo al que Ulises deja ciego.

- El episodio erótico entre Bloom y Gerty MacDowell recuerda el rescate de Ulises por Nausícaa cuando naufraga.

- Bella Cohen, la encargada del burdel, no es otra que la maga Circe. Cuando están con ésta y con las otras prostitutas, Leopold y Stephen desarrollan ideas lascivas que les acercan a la transformación en cerdo de la que son víctimas son los compañeros de Ulises. Además, las diferentes voces o fragmentos de música escuchados hechizan a los dos hombres, que distorsionan la realidad y sufren terribles alucinaciones.

Tercera parte: «El Nóstos»

Finalmente, los tres últimos episodios de esta novela se refieren a la verdadera vuelta de Ulises a Ítaca.

- La primera parte atañe al reencuentro de Ulises y Telémaco, que todavía no ha reconocido a su padre, mientras que este último es alojado por Eumeo, su porquero. En la versión de Joyce, Bloom, que no quiere dejar solo a un Stephen ebrio y desamparado, lo protege y lo conduce al Refugio del cochero, dirigido por James Fitzharris, que representa a Eumeo.
- Bloom, ya solo en su casa, piensa en los amantes de Molly. Eso no le impide querer a su mujer y tumbarse a su lado. Como Ulises, que decide vaciar su palacio de todos los pretendientes de Penélope, Bloom hace mentalmente la misma limpieza al dejar de lado la lista de las conquistas de su esposa.
- Finalmente, el monólogo de Molly pone fin a la epopeya: Penélope deja a sus amantes por su marido, Leopold. Rechaza seguir con su historia monótona y ser irrespetuosa con este pobre hombre y dice «sí» a la vida. Este discurso también se puede relacionar con el de Atenea cuando defiende a Ulises ante su pueblo, que no entiende por qué ha masacrado a tantas personas (los viles pretendientes de Penélope).

UNA ANTOLOGÍA GENÉRICA Y ORGÁNICA

Joyce está en una constante búsqueda literaria: quiere

innovar a toda costa. *Ulises* es un medio para que el autor demuestre que aunque la situación dublinesa (que critica en su primera novela *Dublineses*, 1914) no permite innovar desde el punto de vista del contenido, hay que buscar la novedad en otro sitio. No hay ningún momento de apogeo en la novela, todo es una hazaña polifórmica de la escritura: cada episodio se cuenta usando un género particular. El lector pasa de la técnica «peristáltica» al monólogo, a la dialéctica o a los sucesos.

¿Sabía que...?

El adjetivo «peristáltico» designa en primer lugar la progresión de los alimentos durante la digestión, su ingestión hasta la llegada al recto. Para que se digieran en su totalidad, los alimentos se desplazan con ayuda de contracciones musculares. Con la idea de este proceso, Joyce tiene una escritura orgánica que va de contracción en contracción. De esta forma, en el episodio que se desarrolla esencialmente en el bar de Davy Byrne a la una de la tarde, los desplazamientos, los pensamientos y las palabras de Leopold Bloom son un calco del comportamiento del esófago: funciona, tiene hambre, le atraen los olores de la cocina y, al cruzarse con jovencitas, también le animan impulsos eróticos que excitan sus sentidos. Las contracciones de su estómago aumentan cuando no puede saciarse y beber un vaso de vino. Cuando terminan y Leopold come, sale a orinar y va a suplir sus fantasías sexuales yendo al museo para comprobar la presencia o ausencia del ano en las estatuas griegas.

Su fuente de experimentación es la del género. Tiene el objetivo de publicar una obra proteiforme que parecerá una novela, pero cuyas diferentes partes se construirán con una estructura narrativa tan variada que la obra no podrá considerarse una novela de pleno derecho. Además, en su búsqueda estilística, Joyce destaca la parodia, retomando la epopeya homérica y disfrazándola en un contexto de tabernas y otras vulgaridades. Utiliza muchos procesos narrativos:

• la narración clásica, presente sobre todo en los tres primeros episodios relacionados con Stephen («Solemne, el rollizo Buck Mullligan, avanzó desde la salida de la escalera, llevando un cuenco de espuma de jabón, y encima, cruzados, un espejo y una navaja», Joyce 2011, cap. 1, 89);
• las réplicas teatrales acompañadas de acotaciones. Las tenemos por ejemplo en el episodio dedicado a las alucinaciones de Bloom y de Stephen en las calles dublinesas:

> «Florry: Cántanos algo. La dulce y vieja canción de amor. Stephen: No tengo voz. Soy un artista completamente acabado. Lynch, ¿te enseñé la carta sobre el laúd? Florry: (con sonrisa tonta) El pájaro que sabe cantar y no quiere» (Joyce 2011, cap. 15, 678).

• la poesía en prosa, como el célebre monólogo de Molly («Ah, ese tremendo torrente allá en lo hondo ah y el mar el mar carmesí a veces como [...]», Joyce 2011, cap. 18, 962);
• el estilo periodístico de los sucesos por el diseño de los 19 sainetes;

- etc.

Nada es uniforme y cada episodio posee su propia búsqueda de género.

Estos cambios estilísticos se acompañan de una voluntad de destacar un órgano del cuerpo el particular. Aunque «La Telemaquía» no lo hace con ninguno (Stephen está en continua búsqueda sensorial), los siguientes episodios están relacionados con un órgano diferente:

- la escena de la masturbación en el baño es la representación directa de los órganos genitales;
- Gerty, al enseñar su lencería a Bloom, muestra la dominación de los ojos y de la vista. Además, son los causantes de la mayoría de la excitaciones de Leopold;
- los miembros de la asamblea, en los locales del periódico, suspiran, resoplan y escupen huesos de aceitunas, hechos que recuerdan los pulmones;
- la racionalización absoluta de los textos de Shakespeare expuesta por Stephen es el cerebro;
- las orejas y el oído aparecen en las escenas musicales del hotel Ormond;
- los sainetes de la parte 14, que van *in crescendo*, desarrollan los estados del parto de la señora Purefoy y se refieren al útero;
- etc.

LA INTERTEXTUALIDAD

Esta diversidad de estilos, que toca todos los géneros y todos los órganos y que cita a muchos autores, como a John

Milton (poeta inglés, 1608-1674), a Charles Dickens (novelista inglés, 1812-1870) o incluso a Laurence Sterne (novelista irlandés, 1713-1768), manifiestan también una relación entre los escritos del casi ciego Joyce y del invidente Jorge Luis Borges (1899-1986). Como se basa en sus lecturas de Joyce y en una técnica narrativa común, el autor argentino propone una práctica sin límites de las citas. Y justamente, al retomar en el título a un héroe de la Antigua Grecia conocido gracias al relato de Homero, Joyce se sumerge de golpe en la citación sin límites de un mito y de unos personajes que han poblado su imaginario y el patrimonio cultural común que se identifica con las raíces de la Antigüedad.

Pero el irlandés supera con creces las teorías desarrolladas por Borges varias décadas más tarde, porque aunque en éste las citas están claramente indicadas, sobre todo por la presencia de comillas, Joyce las integra completamente en su texto, sin ninguna marca de puntuación que indique que es un préstamo de otro autor. Quiere que, a través del proceso de la intertextualidad, su historia tienda hacia la misma universalidad que la que se presenta en los mitos, la del relato constitutivo de la cultura humana. Su texto ha sido creado por un autor, James Joyce, pero por las referencias que hace a otros grandes escritos que constituyen el patrimonio literario y cultural común de la humanidad, pretende ser universal.

Al autor de *Ulises* le viene la inspiración de un bagaje cultural, de su propia «biblioteca» interna, que agrupa todas sus lecturas de artículos, de ensayos o de distintas novelas. A partir de estas referencias, Joyce crea un texto que tiene una forma más vasta, relacionado con el conocimiento literario antiguo. Rebusca, conscientemente o no, en las características de los personajes inventados por otros escritores, se inspira en los mitos o parte de una frase de una obra que ha leído para producir algo nuevo.

LAS EPIFANÍAS

Joyce, mediante un proceso estilístico particular del que es creador, desvela a sus lectores que un hecho anodino puede ser la revelación de un episodio espiritual o propio de un personaje. Ha atribuido a esta técnica narrativa el término «epifanía».

- en la Antigua Grecia, se trata de la aparición de una divinidad a los mortales. Su esplendor solía llevar a los espectadores a la muerte o a una especie de ceguera;
- en la Antigua Roma, marca el fin del ciclo del solsticio de invierno. Es la noche más larga del año, que anuncia el triunfo de la luz sobre la oscuridad;
- en el cristianismo, la Epifanía es una fiesta que conmemora el nacimiento de Jesucristo y la visita de los Reyes Magos. El aspecto divino de Jesús, que parece un simple recién nacido, lo afirman los Reyes Magos. Esta revelación de la llegada del Mesías marca el fin de un período espiritualmente oscuro que da paso a tiempos claros gracias a la palabra divina;
- por extensión, la palabra puede hacer referencia a una revelación deslumbradora de la naturaleza profunda de algo.

Para mostrar el sentido oculto de lo cotidiano, suele utilizar puntos suspensivos. La duda y el carácter anodino del texto tienen que hacer que el lector entienda qué otra cosa se esconde tras la apariencia insignificante de las palabras.

Del mismo modo que solo algunos conocen la naturaleza profunda de Jesús, los objetos y el mundo demuestran su verdadero sentido por pequeñas pinceladas que debemos descubrir. Aunque las epifanías de Joyce no son manifestaciones religiosas, proceden del mismo concepto de revelación: iluminan lo cotidiano en constante pérdida de sentido.

Esta sensibilidad aparece en los diálogos sin mucha consecuencia en la acción: «Una de las características de las epifanías es que están constituidas de frases muy banales, normalmente interrumpidas. Estas frases entrecortadas no permiten un significado exacto y producen el efecto del contrasentido»[1] (Cassini 2010). Las epifanías pueden manifestarse también en los términos empleados, en las actitudes o en las acciones de los personajes sin que éstos se den cuenta. El sentido oculto lo percibe únicamente el lector.

Esta revelación, a veces percibida por el personaje joyciano, otras únicamente por el lector, se parece a los muchos fenómenos de manifestación que le gustaban a Proust, como la célebre magdalena de *Por el camino de Swann* (1913) o la irregularidad de algunas calles en *El tiempo recobrado* (1927), que sumen al narrador en sus recuerdos. Éste se desprende de pronto de lo real para impregnarse del tiempo de los objetos y así tener acceso a otros significados que no podría percibir sin esto.

Aunque las epifanías de Joyce se hayan creado y estén desarrolladas esencialmente en *Retrato del artista adolescente* y en *Dublineses*, se encuentran en *Ulises* a través de vínculos escatológicos que podrían considerarse pura grosería o por detalles anodinos: pensemos, por ejemplo, en los ruidos de la orina de Molly que cae en su orinal, que son el eco de la música que se oye en el hotel. Los pedos ruidosos de Bloom cuando sale de una taberna dan a entender un vínculo entre

---

1. Cita traducida por ResumenExpress.com

los elementos naturales y las personas a través de todo el relato. Las epifanías en esta novela se presentan a través de los sonidos que emiten los personajes. Para Joyce, que cada vez está más ciego, lo que cuenta no es lo que vemos, sino los sonidos que nos rodean: poco importa su naturaleza.

Con este nuevo concepto de escritura ya se concibe que el autor, a lo largo de su existencia, percibe el mundo a lo Claude Monet (pintor francés, 1840-1926) y sus nenúfares, mediante toques de luz cada vez más extraños, a medida que la enfermedad ocular progresa. Es cierto que este sistema de revelación de las emociones propias del sujeto que considera un objeto particular no lo practicará únicamente Joyce, pero él es el creador de la técnica.

PISTAS PARA LA REFLEXIÓN

ALGUNAS PREGUNTAS PARA PROFUNDIZAR EN SU REFLEXIÓN...

- Compare el Ulises y el Telémaco de Homero con los personajes de Leopold Bloom y de Stephen Dedalus. ¿Cuáles son los principales parecidos y diferencias? Básese en el texto.
- Trace la evolución del personaje de Stephen Dedalus en Ulises teniendo en cuenta fragmentos de *Retrato del artista adolescente*.
- Cite otras reescrituras del mito de Ulises. ¿Cómo lo abordan esas obras?
- ¿Cómo se puede destacar la banalidad? Ejemplifique su respuesta con extractos del libro.
- Algunos críticos creen que los episodios de la novela se pueden asociar con las diferentes partes de una misa. Ponga ejemplos que apoyarían dicha teoría.
- Señale las diversas técnicas narrativas utilizadas por Joyce en los capítulos de su obra. ¿Afectan al sentido del texto?
- ¿Qué elementos del texto permiten demostrar que Joyce no soporta la dominación británica en Irlanda?
- Señale los paralelismos entre *Ulises* y la propia vida de Joyce.
- ¿Qué vínculos se podrían establecer entre este libro y *La divina comedia* de Dante (escritor italiano, 1265-1321)?
- ¿Qué papel tiene la tesis de Stephen Dedalus sobre *Hamlet* en esta novela?

¡Su opinión nos interesa!
¡Deje un comentario en la página web de su librería en línea,
y comparta sus favoritos en las redes sociales!

PARA IR MÁS ALLÁ

EDICIÓN DE REFERENCIA

- Joyce, James. 2011. *Ulises*. Traducido por José María Valverde. Barcelona: Debolsillo

ESTUDIOS DE REFERENCIA

- Cassini, Daniel. 2010. "The James Joyce Experience". Oxymoron, n.º 0. Consultado el 14 de agosto de 2015. http://revel.unice.fr/oxymoron/index.html?id=3070
- De Souza, Eneida Maria. 1998. "La poétique de la cécité chez Borges". *Variaciones Borges*, n.º 6.
- Joyce, James. *Dublineses*. 2004. Traducido por Guillermo Cabrera Infante. Barcelona: DeBolsillo.
- Joyce, James. 1997. *Finnegans Wake*. París: Gallimard, colección Folio.
- Sobreira, Ricardo. 2013. "Et soudain tout est devenu clair pour lui. La prise de conscience exprimée par l'épiphanie littéraire". *Revista Tabuleiro de Letras*, n.º 7. Salvador: PPGEL.
- Tuduri, Claude. 2008. "Une lecture de James Joyce. L'écriture, l'exil, l'alliance". *Études*, tomo 409.

ResumenExpress.com

Muchas más guías para descubrir tu pasión por la literatura

www.resumenexpress.com

www.resumenexpress.com

ISBN ebook: 9782806280268

ISBN papel: 9782806281425

Depósito legal: D/2016/12603/198

Cubierta: © Primento

Libro realizado por Primento, el socio digital de los editores